Du willst die Spiele nicht mehr mitmachen,
bei denen du unecht sein musst
und dich von dir selbst entfernst.
Bei den Spielen, die so heißen:
Ich merke nichts,
Ich habe ein dickes Fell,
Jeder muss immer glücklich wirken,
Ich bin die Beste,
Ich bin der, den keiner liebt.
Du wehrst dich
gegen die Verzerrung des eigenen Wesens,
gegen die Harmonie um jeden Preis,
gegen die Spiele der Entwürdigung.

Wenn du tust,
was du nicht bist,
wächst eine stille Abneigung
dir selbst gegenüber.
Wenn du mit dir machen lässt,
was dir fremd ist,
beginnst du dich zu verachten.
Wenn du echt wirst,
auch wenn es schmerzt,
dich und andere,
dann hat das tiefe Glück eine Chance.

Du suchst nach einer tiefen Begegnung,
in der auch dein innerstes Wesen eingeladen ist,
sich zu zeigen.
Wo du selbst erkennst,
wie du bist
in dem Spiegel des anderen,
und dein Gegenüber
sich selbst ebenso begegnet,
in dem Wunder des offenen Auges,
wach in Schmerz und Glück.

Es gibt andere wie dich,
die auch suchen
und dich entdecken
wie du sie.

Du spürst,
dass du einen Kern hast,
ein inneres Wesen,
wo du wirklich du selbst bist.
Handlungen und Gedanken,
die aus diesem Kern kommen,
sind gefüllt mir dir,
mit deinen Handlungen und Gedanken.

Du spürst auch,
dass dein Kern noch entwickelt werden kann,
dass deinem Wesen
noch viel Unechtes anhängt.
Wer bin ich?, fragst du
und entscheidest dich,
dir nachzugehen,
dich auszustrecken
nach dem, was du sein könntest.

Du bist umgeben von einer Welt,
die dich oft lieber in einer Rolle hat
und nicht in der Kantigkeit deines Echtseins.
Man wünscht dich warm und anschmiegsam.
Du sollst nicht auffallen.
Man bietet dir an,
die kleinen Lügen zu leben,
die alles erleichtern.
So bist du angesehen und beliebt.

Aber es gibt auch die,
die glücklich sind,
wenn sie auf deine Echtheit stoßen,
die sie ermutigt,
selbst auch echt zu sein.

Können wir einander Anstoß sein,
das Versteckspielen aufzugeben?
Wollen wir echt werden und das Eis,
das unsere Herzen umlagert, schmelzen?

Gerade weil du echt sein willst,
entdeckst du ungeahnte Seiten an dir.
Da gibt es still Leuchtendes,
das nur dem Bedächtigen sichtbar wird.
Auch Dunkles ist da.
Es ist ein Hintergrund,
der wie ein erschreckender Abgrund wirkt.
Und wie eine immer kleinere Puppe in der Puppe
sind deine Gedanken in Gedanken verschachtelt:
In dir stecken Kräfte,
die ermutigen und befremden,
stören und befreien,
beglücken und verletzen.

Du bist vielschichtiger,
einsichtiger,
erstaunlich anders
und viel mehr,
als du dachtest.

Manche finden dich komisch,
weil du echt sein willst
und bereit bist,
dafür einen hohen Preis zu zahlen.

Sie haben sich selbst schon so weit verlassen,
dass sie ihr eigenes Wesen
aus den Augen verloren haben.

Es befremdet sie,
dass ein Mensch sich selbst sucht
und Sehnsucht nach dem hat,
was er in sich nur ahnt.

Nur wenn du echt bist,
hast du letztlich Frieden mit dir selbst.
Sonst zerstörst du dich
im Kampf gegen dich selbst.

Vorsichtig begibst du dich in ein Gespräch
und hoffst, dass dein Gegenüber
an deinen tiefen Seiten interessiert ist.
Du trägst Kostbarkeiten in dir
und bist nicht willig,
sie vor irgendwem auszubreiten
wie billige Ware.

Dein echtes Wesen in seiner Tiefe
ist dein Geschenk an den anderen.
Dein Herz offenbarst du nur denen,
die selbst ein Herz haben
und bereit sind, es zu zeigen.

Weil du echt sein willst,
brauchst du Zeit für dich.
Echtheit entsteht nicht
im Hasten und Jagen.

Du brauchst Stunden der Selbstprüfung,
des Fragens und Suchens:
Was willst du und was nicht?
Du hast Tage nötig,
die der Entdeckung
deines Inneren gewidmet sind.
In Zeiten der Leere
kann etwas in dir wach werden.
Du brauchst Stille,
um deine tiefen Wünsche wahrzunehmen
und sie ernsthaft zu verfolgen.

Weil du echt sein willst,
wirft man dir vor,
dass du nur an dich selbst denkst
und begreift dabei nicht,
dass wir einander nur so weit finden,
wie wir uns selbst gefunden haben.

Wir überwinden die tiefe Kluft
zum anderen
nur über die Brücke der Selbsterkenntnis.
In dem Maße,
wie wir uns selbst verstehen,
werden wir einander verstehen.

Weil du echt sein willst,
fällt dir jede Unechtheit stärker auf.
Du bist wacher für das Künstliche,
für die kleinen Täuschungen.
Du durchschaust die leeren Worte,
erkennst deine eigene Grimasse
und hörst das übertriebene Lachen,
hinter dem ein Mensch
seine Enttäuschung versteckt.

Wenn du dir dann vorstellst,
wie es sein könnte,
wenn wir alle echt wären
und einander in die Augen sehen könnten,
dann leidest du daran,
dass wir noch so weit entfernt davon sind.
Aber ist es nicht ein Ziel,
für das sich zu leben lohnt?
Jeder kann bei sich beginnen.

Sei dem treu,
was in dir entsteht
und lebe nicht nach den Werten anderer.
Was du bist, hast du zu geben.
Deine Echtheit ist dein Beitrag,
nicht deine Fähigkeit,
die anderen nachzuahmen
und so zu leben wie sie.

Wenn du echt sein willst,
musst du lernen, „nein" zu sagen
zu dem, was dich erstickt.
Dann wirst du zu dem finden,
was dir entspricht und darin aufblühen.

Weil du echt bist,
wirkst du anziehend.
Mit dir weiß man, woran man ist.
Was du sagst, meinst du.
Was du glaubst, lebst du.
Wenn du schweigst, ist es kein Trick,
mit dem du etwas erreichen willst.
Du wirkst befreiend.

Es ist nicht schwer,
dich im ersten Augenblick zu lieben.
Manchmal ist es schwerer,
dich weiter zu lieben,
wenn du echt bleibst.
Und noch schwerer ist es,
dich zu ermuntern, echt zu bleiben,
auch wenn du andere verletzt
und ihnen wehtust.

Echt sein heißt, aufrecht gehen,
sichtbar werden in dem Grau,
sich erinnern an Träume und Hoffnungen
und nicht aufgeben
im Kampf gegen die Mittelmäßigkeit.

Echt werden
ist wie eine Heimkehr
zu uns selbst.

Wieder da sein,
wo wir begonnen haben,
das Paradies
noch einmal bewohnen,
diesmal bewusst.

Uns nicht mehr vertreiben lassen
von der Seite Gottes,
der in uns wohnt.